제주선교 100년,
어제와 오늘과 내일

예영세계선교신서 4

제주 선교 100년, 어제와 오늘과 내일

지은이 · 서성환 ‖ 펴낸이 · 김승태

초판 1쇄 찍은 날 · 2008년 4월 20일 ‖ 초판 1쇄 펴낸 날 · 2008년 4월 25일

편집 · 김지인 ‖ 본문편집디자인 · 김선영

표지 디자인 · 박은미

영업 · 변미영, 장완철 ‖ 물류 · 조용환, 엄인휘

등록번호 · 제2-1349호(1992. 3. 31) ‖ 펴낸 곳 · 예영커뮤니케이션

주소 · (136-825) 서울시 성북구 성북1동 179-56

홈페이지 www.jeyoung.com

출판사업부 · T. (02)766-8931, F. (02)766-8934

　　　　e-mail: edit1@jeyoung.com

출판유통사업부 · T. (02)766-7912 F.(02)766-8934

　　　　e-mail: sales@jeyoung.com

Copyright ⓒ 2008 서성환

ISBN 978-89-8350-477-7 (03230)

값 4,000원

예영세계선교신서 4

제주선교 100년, 어제와 오늘과 내일

비판적 성찰과 대안모색

서성환 지음
제주사랑선교회

예영커뮤니케이션

제주복음화를 꽃피우는 소망으로

김정서 목사

제주영락교회, 제주 기독교100주년기념위원회 대회장

올해 2008년은 이기풍 선교사가 제주에 입도하여 선교를 시작한지 100년이 되는 해이다. 연륜에 있어서도, 그 시기에 있어서도 자연스럽게 여러 측면에서 '선교 100년의 제주 기독교'를 생각하지 않을 수 없는 시의 적절한 때이다. 제주에서 사역하는 교계 지도자라고 하면, 오늘이라는 현장에서 제주 교회의 지난 100년을 진솔하게 돌아보고, 앞으로의 선교과제를 진지하게 생각하는 것은 너무나도 절실한 일이다.

바로 이런 때에, 우리가 한 번 읽어보고 함께 생각해 볼만한 좋은 글이 있어서 추천할 마음이 들었다. 제주에서 10년 정도 목회를 하면서 경험하고, 느끼며, 고민하고, 연구했던 과제들을 잘 정리한 서성환 목사의 "제주 선교, 어제와 오늘과 내일"이라는 소논문이다. 그가 유럽에서 선교사로 사역한 경험과 함께 평소 학구적인 목회적 식견과 성찰을 담아 제주의 기독교를 "선교"의 관점에서 조명하였다.

"왜 제주는 낮은 복음화율에 머물고 있는가?" 하는 문제의식에서 출발하여, 제주 선교의 과거에 대한 설명과 해석을 시도하였고, 제주에 오늘 공존하는 타 종교들의 과거와 현실도 비교하면서 선교정책의 타산지석으로 삼을 것을 제안하였다. 나아가 제주 선교 100년에 대한 비판적 성찰, 앞으로의 제주 선교를 위한 대안으로 제시한 논제와 관점의 해석, 그리고 미래 선교를 위해 제안한 실천적 과제들은 우리 제주의 교계지도자뿐만 아니라 한국교회 지도자들이 한 번 꼭 읽어보기를 권하고 싶다.

이제 향후 100년을 위한 이 땅의 선교는 제주에 대한 복음적 애정의 공유와 함께 지속적인 연구, 토론, 전략, 그리고 연합의 실천으로 말미암아 가장 바람직한 제주복음화를 꽃피워 나가는 제주 기독교가 되기를 소망한다.

제주 선교의 풍성한 결실을
함께 꿈꾸며

한국일 교수
장로회신학대학교, 선교학

오늘의 선교는 특정 지역에만 해당되는 활동이나 개념이 아니다. 1963년 멕시코에서 개최된 세계교회협의회의 선교대회 이래 전 세계를 선교현장으로 받아들인다. 선교는 해외활동이며 전도는 국내활동이라는 이분법적 도식이 오늘의 선교 상황에 더 이상 적합하지 않다는 사실을 보여준다. 선교는 모든 교회들이 연합하여 필요한 지역에서 진행하는 것이다.

이런 점에서 볼 때 제주도는 세계 어떤 지역보다도 선교가 필요한 곳이지만 한국교회의 선교적 관심과 열정에서 제외되어 있는 곳이기도 하다. 왜냐하면 제주도는 국내 지역에 속해 있기 때문이다. 성인 전도가 힘들기 때문에 교

회학교를 통해서 선교활동을 전개하려고 해도 제주도 교회
들은 교육전도사를 구할 수 없다. 제주도 내에 신학교가
없기 때문이다. 해외에서 일 년 간 단기적으로 활동하는
견습선교사 제도가 제주도에는 아직 적용되지 않고 있다.
국내 지역에서 가장 복음화율이 낮은 지역이며 교회들이
어려운 형편이지만 국내에 속해 있기 때문에 여전히 선교
적 관심을 받지 못하고 있다. 이러한 상황에서 제주사랑선
교회를 조직하여 제주도 내에서 목회하는 목사님들과 연대
하여 실제적인 제주 선교를 위해 헌신적으로 노력하고 있
는 서성환 목사님이 제주 선교를 위한 매우 중요한 글을
작성하였다.

본 글은 선교학적으로도 매우 훌륭한 내용을 담고 있을
뿐 아니라 실제적인 선교전략과 정책을 수립하는데 매우
중요한 관점과 방향을 제시하고 있다. 서성환 목사님은
"제주 선교, 어제와 오늘과 내일"에서 기존의 제주 교회와
제주 사회 사이에 발생한 비선교적 균열현상을 진단하고
그 원인이 어디에 있는가를 다양한 관점에서 분석하고 있
다. 또한 시각의 지평을 넓혀 다른 종교들의 상황을 분석
하면서 개신교 선교의 문제점이 어디에 있는가를 몇 가지
설득력 있는 근거를 통하여 지적한다.

기존의 한국교회의 선교가 내부적으로는 확신과 열정을
가지고 있으나 자신이 속한 사회로부터 유리되어 있다는

점을 선교의 가장 큰 문제점으로 언급하면서 교회의 역사적, 사회적 책임의식이 선교에 매우 중요한 태도임을 제시한다. 선교는 교회가 직접적으로 가시적 활동을 통해서 수행되지만 보이지 않는 영역, 즉 선교환경이 선교 실제에 더 큰 영향을 미치고 있다는 사실을 최근의 선교학에서 언급하고 있다. "선포로서의 선교"는 "현존으로서의 선교"가 함께할 때 효력을 나타낸다는 것이다. 교회가 자신의 관심으로서의 선교가 아니라 사회와 함께하며 그들을 위한 선교전략과 정책을 수행할 때 효과적이며 바른 선교활동을 하게 된다.

서성환 목사는 교회의 역사와 선교활동의 문제점들을 매우 예리하고 분명하게 진단하고, 그것에 그치지 않고 구체적인 선교전략과 정책을 제시하고 있다. 위에서 제시한 내용들은 단기간에 만들어진 것이 아니라 오랜 기간 동안 제주 사회를 바라보면서 숙고하고 신학적, 선교학적 관점에서 제주 교회와 선교활동을 성찰한 결실로 작성된 것이라 생각된다. 이미 제주사랑선교회는 제주도 선교를 위하여 이론적이며 실제적인 풍부한 연구 결과들을 제시하고 있다. 목회자들이 개교회 목회적 차원을 넘어 제주도를 "선교현장"으로 간주하고 함께 연대하고 협력하여 제주 선교를 위해 헌신하고 있는 모습들을 볼 때마다 큰 감동과 소망을 얻는다.

서 목사의 글은 제주 선교뿐만 아니라 국내의 다른 지역의 선교와 해외선교를 위해서도 매우 적합한 연구 방법으로 사용될 수 있다. 본 글이 어떤 지역보다 힘들고 어려운 선교현장이지만 이에 굴하지 않고 선교를 위하여 열심히 헌신하고 있는 목회자들과 그리스도인들에게 좋은 안내서가 될 것을 확신한다.

차례

1
시작하는 말

제주 선교는 100년을 맞는 제주 기독교의 지금까지의 존재의미이며 사명이다. 물론 현재와 미래에도 제주 기독교의 존재의미와 사명이기도 하다. 이를 보다 잘 감당하기 위해서 지난 100년의 제주 선교를 돌이보고, 앞으로의 제주 선교를 전망하면서 오늘 준비하고 실천해야 할 일을 살펴야 할 것이다. 이 과제를 두 가지 질문에서 시작하고자 한다.

가. 제주 기독교 100년, 제주의 낮은 복음화율

그 첫 번째가 바로 제주의 낮은 복음화율(전체 인구에서 기독교인의 비율을 의미함)에 대한 질문이다. 이기풍 목사가 제주에 선교사로 파송된 1908년을 기산점으로 삼는다면 2008년이면 제주 기독교는 100년이 된다. 이기풍 목사가 제주 선교사로 오기 전에 이미 기독교인이 제주에 있었던 것을 기산점으로 삼는다면 제주 기독교는 100년이 넘은 교회이다. 100년 동안 많은 어려움을 견디어내며 교회를 세우고 선교해 왔는데, 현재 제주의 복음화율은 전국의 평균을 크게 밑도는 낮은 수준에 머물러 있다. 2005년 말 기준으로 교회 자체의 통계에 의하면 약 8.7%의 복음화율을 가지고 있다. 그러나 여러 교회에 이중 삼중 등록되는 현실을 감안하면 실제 복음화율은 그에 훨씬 미치지 못하리라고 본다. 실제로 국가통계청의 2005년도 통계에 의하면 개신교인은 38,183명으로 되어 있다. 이는 인구비율로 7.1%에 해당된다. 그리고 그 중에 제주 토착민의 복음화율은 약 절반 수준으로 추정한다. 실질적으로 아직 선교지라고 할 수 있다. 그러면 백 년 동안 열심히 선교했음에도 불구하고 왜 이렇게 낮은 복음화율을 가지게 되었는가 하는 질문이 생긴다.

나. 최근 10여년의 종교인구 변동

두 번째는 최근 10여 년의 제주의 종교인구의 변동이다. 특별히 카톨릭교회와의 비교에서 그 문제가 더욱 뚜렷해진다.

1990년 교계 통계에 따르면 카톨릭교회는 제주에 14개 본당과 약 27,000명의 신자를 가지고 있었다. 같은 기간에 개신교인(전 교파 망라)은 약 200여 개의 교회와 약 38,000명의 신자가 있었다. 개신교신자가 많았다. 그런데 그 10년 후 2000년 통계에는 카톨릭교회가 22개 본당에 약 54,000명의 신자를 가지게 되었고, 같은 기간에 개신교회가 300여 교회에 42,000명의 신자를 가지게 되었다. 카톨릭교회는 단일교구제를 실시하므로 비교적 통계가 정확하다고 인정되는 것을 생각하면 실질적인 차이는 더 크게 나타날 수도 있고, 2007년 현재 그 차이는 더 벌어졌을 수 있다.

특히 개신교회가 교회 수는 100여 곳이 늘어난 반면, 신자 수는 4,000여 명이 증가된 것으로 나타나는 것은 실질적인 성장은 없고 거의 수평 이동한 것으로 추정할 수 있다. 국가통계청의 통계에 따르면 2005년 제주의 개신교인은 38,183명(인구비 7.1%), 제주의 카돌릭교인은 54,764명(인구비 10.3%)으로 조사되었는데, 이는 이러한 교계의 현실을 반증하는 것이라 하겠다. 이 기간 동안 카톨릭교회는 도약을 한 셈이고, 개신교회는 정체 내지 감소한 것으로 볼 수 있다. 특별히 개신교인 중에 카톨릭교회로 개종하는 사례가 늘고 있는 추세이다. 이러한 개신교신자보다 카톨릭신자가 많아지는 역전현상은 전국 도 단위에서 유일한 것이라고 한다. 왜 이런 현상이 일어나고 있는가가 자연스러운 질문이 된다.

이러한 문제의식에서 제주 선교의 어제에 대한 설명과 해석이 시도되어야 한다고 본다. 그리고 제주 기독교는 무엇을 할 것인가를 물어야 하겠다. 오늘의 과제를 찾는 것이다. 거기서 어떤 방향으로 나아갈 것인가 하는 것이 드러나게 될 것인데 그건 제주 기독교의 내일에 관한 이야기가 될 것이다.

2

제주에서 가장 큰 종교와
제주에서 성장하는 종교에서 얻는
제주 선교에 대한 준거 틀

— 타산지석(他山之石)

　　제주 선교에 대하여 말하는 준거 틀이 먼저 정리되어야 한다. 보다 현실적으로 이 문제에 접근하기 위해서 제주의 종교현실에서 이 준거 틀을 찾아보려 한다. 제주에는 여러 종교가 혼재해 있다. 그런데 이 종교들 중에는 성장하는 종교도 있고 그렇지 못한 종교가 있다. 여건은 똑같은데 그 중에도 다 성장하는 것도 아니고, 다 침체하는 것도 아니다. 성장하는 데는 나름대로의 이유가 있다. 성장하는 이유를 찾는다면 침체하는 이유도 알게 될 것이다. 그러므로　제주에서 가장 큰 종교 인구를 가진 종교와 최근 성장하고 있는 종교를 조명해 봄으로써 기독교의 제주 선교를 살필 수 있는 보다 현실적인 준거 틀을 발견할 수 있으리라고 본다. 이러한 방법을 편의상 '타산지석(他山之石) 방법'이라고 명명해 본다.

가. 타산지석 1 : 제주의 가장 큰 종교, 불교에서

제주에서 가장 많은 종교 인구를 가진 종교는 불교이다. 통계청의 통계에 따르면 제주 인구 중에 절반이 종교인구이다. 통계청의 2005년 통계에 따르면 제주의 인구는 530,686명, 그 중 272,590명이 종교인구이다. 그러니까 제주 인구의 약 절반, 258,096명이 무(無)종교인인 셈이다. 이것은 매우 중요한 문제이다. 약 26만 명이 개종 없이 그리스도인이 될 수도 있다는 의미도 되고, 각 종교가 일차적으로 이 26만 명을 두고 각축을 벌이고 있다는 의미도 된다. 선교는 기독교만 하는 것이 아니라는 점을 유념해야 한다. 물론 종교 간의 개종도 중요한 영역이다.

제주의 종교인구 중에 63.7%(173,658명)가 불교 신도로 되어 있다. 그리고 더 중요한 것은 무종교라고 표방하는 사람들 대부분이 친(親)불교적인 성향을 가지고 있다는 사실이다. 물론 미래의 종교변동을 예상할 수 있는 종교호감도(1위 카톨릭, 2위 불교, 3위 개신교)와 정확하게 일치하는 것은 아니지만, 조사통계에 잡히지 않는 많은 사람들이 심정적으로 친불교적 성향을 가지고 있다는 건, 앞으로도 종교인구 1위를 지킬 가능성이 그만큼 높다고 하겠다.

그러면 어떻게 불교가 제주의 가장 큰 종교가 되었나 하는 게 궁금해진다. 많은 사람들이 불교가 삼국시대 이후 한민족과 함께해 온 토착종교여서 그럴 거라고 생각한다. 그런데 이러한 생각은 적어도 제주에서는 사실과 다르다. 제주에서 불교는 본래 오래된 토착종교가 아니었다. 제주에 불교가 본격적으로 전래된 것은 몽고의 제주 지배와 함께 한다. 그러나 몽고가 물러나고 제주가 조선의 지배를 받게 되었을 때, 제주에서 불교는 조선왕조 500년 간 대대적인 핍박을 받는다. 그래 조선 후기에는 완전히 없어졌다가 사라진지 200년 만에 부흥이 된 종교이다.

19세기 중반만 해도 제주에 불교를 포교하러 왔던 두 승려가 순교를 당하기도 했다. 제주의 대표적인 사찰인 관음사(觀音寺)가 창건된 것이 1908년이다. 관음사를 창건한 화북 출신의 여자 스님인 봉려관(蓬廬觀) 스님도 마을 사람들의 배척으로 숱한 어려움을 겪었다고 한다. 이렇게 다시 시작한 제주의 불교는 해방 이후에 급속히 번성하였다. 제주의 불교는 카톨릭 선교(1899년), 개신교 선교(1908년)와 거의 비슷한 역사를 가진 셈이다. 그런데 어떻게 해서 다른 경쟁자들을 물리치고 제주 사람의 마음을 가져간 것일까?

이에 대하여 종교사회학자들 사이에서도 의견이 분분하다. 아직 정확하게 정리된 것이 없어, 어떻게 제주의 불교가 해방 이후에 그렇게 급속하게 번창했는지에 대하여 설명하지 못한다고 한다. 그러나 작금의 제주 불교를 보면 짐작할 만한 부분이 있다. 제주 불교의 가장 큰 특징은 제주 민간무속신앙과의 결탁으로 보인다. 어느 지역에서도 그러하지만, 특히 제주에서 민간신앙, 무속신앙은 그 뿌리가 깊고 영향력이 대단하다고 하겠다. 민간무속신앙은 제주 사람들의 삶과 제주문화의 바탕이라고 해도 과언이 아니다. 이렇듯 제주 불교가 해방 이후에 급속도로 번성한 이유는 민간무속신앙과 결탁에서 찾을 수 있다.

한국의 불교는 일정하게 민간무속신앙을 받아들였다. 절간 뒤편에 있는 삼신각이나 칠성단 같은 것이 그것이다. 그러나 민간무속신앙은 어디까지나 한 주변적인 요소로 머물고 있다. 그러나 제주 불교는 좀 사정이 다르다. 제주 불교는 한 마디로 본전불 앞에서 무당이 굿을 하게 허용하는 불교이다. 불교의 옷을 입고 있지만 그 속내는 민간무속신앙이 건재한 모습이라 하겠다. 오히려 불교가 민간무속신앙에 점령당한 모습이라고도 할 수 있다. 어떤 사람은 이런 모습을 가리켜 불교의 제주화, 또는 제주화된 불교라고도 말한다.

이러한 과정을 통해서 제주 불교는 제주 사람들이 가장

적응하기 쉬운 모습이 되었고, 민간무속신앙이 그러했던 것처럼 제주 사람들의 마음을 어루만지는 종교가 되었던 것으로 보인다. 불교가 민간무속신앙을 끌어안음으로써, 문화적인 갈등이나 거부감이 없이 사람들 사이에 그대로 파고들었던 것으로 생각된다. 아예 포교적 낙차(落差)와 문턱을 없애 버렸던 것이다. 그러니까 민간무속신앙을 불교라는 좀 더 고상해 보이고 체계적으로 보이는 종교로 포장한 셈이다.

여기에는 보다 현실적인 적응이 작용하기도 했다. 오랜 무시와 보이지 않는 핍박 속에서도 끈질기게 생명력을 이어왔던 민간무속신앙이 새마을운동으로 표방된 근대화운동의 직격탄을 받게 된다. 이때 제주의 점집의 70%가 파괴되었다고 한다. 미신타파의 기치 하에 민간무속신앙이 설 자리가 좁아지자 무속인 스스로가 그들의 당(堂)을 절간으로 개소하고 스스로를 법사, 보살로 칭하면서 제도권 불교로 들어왔다. 이를 제주 불교와 제주 사람들이 별로 거부감 없이 수용한 듯이 보인다. 제주 사람들은 자신의 신앙이 근대화 흐름에 역행하는 미신 같은 꺼림칙한 점을 탈피하고 좀 더 그럴 듯한 종교의 모습을 가지게 되었다고 본 듯하고, 제주 불교에서는 포교하지 않고도 세(勢)가 불어나는 것으로 받아들인 듯하다.

여기서 선교에서 문화순응과 변혁의 문제를 다시 생각

하게 한다. 하나의 종교가 선교지에서 착근(着根)되고 토착종교로 받아들여져 성장하는 조건에 대하여 숙고하게 되는 것이다. 예를 들면 순응(順應) 후의 변혁(變革)이냐? 아니면 월등한 낙차로서 순응 없이도 변혁을 이끌어 낼 것인가? 입장을 분명히 하고 그 목표에 이르도록 노력해야 할 것이다. 그것도 아니면 순응도 못하고 변혁할 낙차도 없는 경우인가? 하는 문제도 정직하게 헤아려 보아야 한다.

나. 타산지석 2 : 제주 카톨릭교회의 도약 성장에서

제주 카톨릭교회는 제주 사람들에게 원죄(原罪)와 같은 것을 가지고 있다. 1899년에 카톨릭교회의 제주 선교가 시작된 지 만 2년 만에 터진 속칭 '이재수의 난'이 그것이다. 카톨릭에서는 '신축교난(辛丑教難)', '성교난(聖教難)'이라고 부르고, 제주 사람들은 '제주교안(濟州教案)', '1901년 제주 항쟁'으로 부른다. '이재수의 난'은 카톨릭 교인들의 폭압적인 행패에 맞선 제주 사람들의 항쟁이라고 하겠다. 많은 사람들이 다치고 죽었다. 이런 사건이 터지면 그곳의 선교는 한동안 거의 불가능하다. 침략자의 종교이고, 압제자의 종교로 인식이 되기 때문이다. 일반적으로 이런 큰 사건이 수습되는 데는 세 세대 정도가 필요하다고 하는데, 그렇게 세월이 흘러도 그것을 넘어서려는 노력을 꾸준히 하지 않는다면 끝내 극복하지 못하는 경우가 허다하다. 세월이 모든 것을 해결해 주지는 않는다. 그러면 이런 원죄와도 같은 멍에를 안고 있는 카톨릭교회가 지난 1990년대 이후 제주에서 도약 성장하게 된 까닭은 무엇인가? 꾸준하게 진행된 몇 가지 일을 말할 수 있다.

첫째, '신성여자중고등학교'를 설립한 것이다. 이 학교는 1909년에 설립되었다. '이재수의 난'의 여파로 아직 어수선할 때였다. 당시 여성들을 위한 중등교육기관이 꼭 필요한 상황이었다. 신문화와 신문명에 대한 요구가 갈급한 실정에서 선각자적인 일을 시작한 것이다. 처음에는 카톨릭교회에 대한 여론이 나쁠 때였기에 카톨릭 교인의 자녀들이 대부분이었지만, 점차 일반인들의 자녀들도 입학을 하였다. 그만큼 앞서 나간 교육적인 사역은 제주 사회와 카톨릭교회에 긍정적으로 역할하게 되었다.

그들은 제주 사회의 여성지도력이 되었고, 개화된 가정의 아내와 어머니가 되었다. 제주에서 지도적인 인사와 결혼은 그 유지가 개종하는 경우는 물론 그 자녀들이 카톨릭 신앙을 갖게 되는 계기가 된 경우가 많다. 적어도 반(反) 카톨릭 성향을 완화하는 데 기여했으리라 짐작할 수 있다. 오랜 세월 축적된 이러한 힘은 카톨릭교회의 부흥으로 이어졌고, 때가 차면서 도약적인 발전을 이루게 한 동력으로 이해되고 있다.

둘째, 아일랜드 출신의 패트릭 제임스 맥그린치(Patrick James McGlinchey; 한국명, 임피재) 신부의 선교사역이다. 맥그린치 신부는 26세 때인 1954년 제주도에 파송된 아일랜드 성골롬반선교회 소속 선교신부다. 그는 50년 넘게 제주 선교사역에 헌신한 인물이며, 지금도 제주에서 사역하고 있다. 맥그린치 신부는 카톨릭교회에 대한 제주 사람들의 이해를 근본적으로 바꾸어 놓은 사람 중에 한 사람이다. 맥그린치 신부는 제주의 가난과 싸운 사람이었다. 주님의 이웃사랑 말씀을 그렇게 실천하였다. 그는 "사람이 너무 가난하면 예수 믿기도 어렵다."는 것을 현장에서 뼈저리게 느끼고, 제주 사람들과 함께 가난에서 벗어나는 길을 실질적으로 모색하고 행동했다.

그는 수많은 난관을 이겨내고 제주 중산간 황무지를 개간하여 이시돌목장을 만들었다. 이를 위해서 아일랜드에 편지를 쓰기를 수없이 하여 그들이 보내 준 5불, 10불을 모아 300만 평의 넓은 목장을 확보하고, 목초를 기르고 목장을 만들어 소와 양과 돼지를 기르고 신용협동조합을 만들었다. 나중엔 이 300만 평의 땅을 일부만 남겨놓고 다시 농민들에게 분배해 주기도 했다. 농민들의 이농과 전매를 막기 위해서 일정 조건을 붙였지만 거의 무상에 가깝게 땅을 나누어 주었다. 양모모직회사와 편물사업을 비롯해 사료공장과 우유공장 등을 세워 일자리를 만들고 제주의 가난을 몰아내기 위해 애썼다. 또한 젊은이의 집과 양로원과 유치원과 경로당 호스피스병원 등 제주도민을 위한 사업을 벌여왔다.

당시 제주의 가장 시급한 당면과제였던 가난과 씨름하였던 것이다. 이와 함께 한림을 중심으로 하여 신창, 청수, 저지, 금악 지역에 선교사역도 꾸준히 병행하였다. 그런 과정에서 제주 사람들의 카톨릭교회에 대한 인식을 바꾸어갔다. 부임 당시 25명이었던 한림지역(신창, 청수, 저지, 금악)에는 현재 약 5,000여 명의 카톨릭신자들이 있고, 이 지역 출신인 카톨릭신자도 만여 명이 넘는다고 한다. 겨자씨 비유를 생각나게 하는 사람이다.

사회적인 분위기를 바꾸고 그 분위기를 장악하는 것이 얼마나 중요하고, 또 어려운 것인지를 잘 보여 주는 예라고 생각된다. 묵묵히 이웃사랑의 변함없는 마음으로 오랫동안 사심(私心) 없이 봉사한 결과, 넘을 수 없이 보이던 그런 장애를 넘어서게 했던 것이다. 특히 '이재수의 난' 당시 이 지역(명월성)에서 카톨릭신자들에 의해 기습을 당하여 크게 격분했던 일을 생각하면 그렇게 상처를 치유하고 사회적 흐름의 변환을 이루어 낼 수 있었던 것은 놀라운 일이 아닐 수 없다. 이와 더불어 70년대 80년대 계속되어 온 카톨릭교회의 현실참여와 그에 따른 카톨릭교회의 공신력과 호감도가 상승된 것도 중요한 요인으로 꼽을 수 있다.

셋째, 그러나 최근 제주에서의 카톨릭의 약진은 이러한 바탕 위에서 카톨릭교회의 조상제사 수용과 관련이 더 많이 있는 것으로 보인다. 조상제사는 제주 선교의 가장 큰 걸림돌이라고 할 수 있고, 어찌 보면 마지막 걸림돌처럼 보이기도 한다. 이 조상제사 수용이 카톨릭교회의 도약과 관련이 많아 보인다. 제2바티칸 공의회 이후에도 소극적이었던 카톨릭교회 안에서 조상제사 수용이 본격화되는 1990년대와 제주 카톨릭교회의 약진이 맞물려 있는 것을 보면 충분히 그렇게 볼 수 있지 않을까 생각한다. 그건 상대적으로 개신교 교회에서는 공식적으로 조상제사를 금지하는 것과 대조를 이루어 제주 사람들의 판단에 영향을 미치고 있다고 본다.

개신교회와 카톨릭교회에서 다같이 조상제사를 금할 때에는 불신자들도 그러려니 했는데 카톨릭교회가 입장을 바꾸자 불신자들은 개종의 갈등이 적은 카톨릭을 택하고 있지 않나 싶다. 특히 조상제사 문제로 집안 불신자들과 갈등을 겪고 있는 개신교 교인 중에 카톨릭으로 개종하는 사례가 늘어나고 있는 실정은 이를 반증해 주는 것이라고 하겠다. 이와 관련하여 심지어는 개신교 교인 중 중직자들도 교회의 통제를 넘어 조상제사를 지내는 경우도 왕왕 발생하고 있고, 교회는 묵인하는 경우도 점차 늘어나는 추세인 것 같다. 개신교 교인들 중에 초창기 신자들과는 달리 이제 이 조상제사문제로 순교를 각오하는 사람은 그리 많지 않아 보인다. 선교에서 문화와 신앙의 갈등, 기존 전통문화의 수용 문제를 다시 숙고하게 하는 일이 아닌가 생각한다.

다. 타산지석 3 : 제주 창가학회의 급성장에서

제주에서 최근 10년 동안 괄목할만한 성장을 보인 종교가 '창가학회(創價學會)'이다. 이들은 종교인구로도 개신교 다음으로 4위로 올라섰다. '창가학회'는 본래 일본에서 시작된 불교에서 파생된 신흥종교다. 어렵게 느껴지는 불교를 현대인이 쉽게 접근할 수 있게 만들었다고 보면 된다고 한다. 제주는 일본과 접촉할 기회가 많아 창가학회는 제주에 자연스럽게 들어왔다. 이러한 창가학회기 지난 10년 동안 급성장하여 지금은 약 10,000명이 넘는 신도를 가지게 되었다고 한다(통계청 통계에는 잡히지 않는데, 이는 아마 이들이 노출되는 것을 꺼리거나 이들 모임의 특성상 그러하리라 생각된다). 이들이 이러한 성장을 이룰 수 있었던 것은 그들 나름대로의 강점이 있었기 때문이라고 본다.

첫째, 증식지향적인 조직이다. 이들은 교당(敎堂)을 갖지 않는다. 전임(專任) 성직자가 없다. 교당을 짓거나 전임

성직자에게 힘을 쓰지 않고, 증식에 힘을 집중하는 양상이다. 이러한 지향성은 신도들의 평등성과 책무감을 더해 주고, 주변적인 요소에 매이지 않고 신앙 자체에 집중하게 하는 모습으로 드러난다. 사무직원이 연락을 맡고, 간부들이 여러 직분을 맡아 운용한다. 그 역직(役職)이 대단히 단단하게 짜여 있다고 한다. 15-30명 정도로 구성되는 '블로그(Block의 일본식 표기)'가 기본단위이고, 이것이 30명 이상이 되면 그 30명은 '지구(地區)'가 되고, 남은 인원으로 새로운 '블로그'를 만든다고 한다. 일정 수의 '지구'가 모여 '번(番)'이 되고 이 '번'이 모여 '방면(方面)'이 된다고 한다. 현재 한국에는 이렇게 조직된 신자의 숫자가 약 150만 정도가 된다고 한다.

이들은 기본단위인 '블로그'를 끊임없이 분화시켜 성장을 도모하고 있는 셈이다. 그리고 지구나 번이나 방면이 이 블로그를 지원하고 격려하는 체계가 잘 되어 있다는 것이다. 그리고 새로운 블로그가 생기는 것을 적극적으로 지원한다고 한다. 전임교역자가 없고, 교당도 없어 기동력이나 순발력이 그만큼 민첩하다고 하겠다.

둘째, 참여를 성장동력화 한 것이다. 이들의 집회는 한 달에 한 번 열리는 '좌담회'가 그 중심이다. 한 달에 한 번 모이는 집회는 주 구성원이 소규모 자영업을 하는 사람들이어서 너무 자주 모이는 게 부담이 되기도 하고, 집회를 준비하고 내용을 채워가는 데 일정한 기간이 필요하기 때문이라고 한다. 식당이나 회의실 같은 곳에서 모이는데 특징은 아이들도 함께 모인다고 한다. 순서를 여러 사람이 맡아서 진행하는데 참석한 사람들이 소외감을 느끼지 않도록 세심하게 배려한다고 한다. 그냥 멍하니 앉아 있다가 가는 일이 없도록 한다고 한다. 그곳에서 자기존재감을 느낄 수 있게 하는 것이다.

블로그나, 지구나 번이나 방면의 책임자가 되고 직책을 갖는 것을 매우 기뻐하며 좋아한다고 한다. 그만큼 의미를 느끼는 것이다. 적어도 모이는 사람 30명 중 10명이 적극적으로 맡은 역할이 있다고 한다. 그리고 남은 사람들의 적극적인 참여를 유도한다고 한다. 참여기회를 많이 주고, 신자들 사이의 조직(Network)을 치밀하게 짜고 잘 작동하도록 노력한다고 한다.

셋째, 생활에 밀접한 실용적인 메시지이다. 단순함과 실용성이 매우 뛰어나다고 한다. 단순한 교리를 집중적으로, 반복적으로 쉽게 이야기함으로 신념화를 용이하게 만들어 준다. 이들은 그들의 집회인 '좌담회'에서는 책임자가 본부에서 내려 보내 주는 교주의 어록인 〈어서(語書)〉를 낭독하고 풀어주는 데, 이 〈어서〉의 주제가 매우 다양하고 시의적절한 내용이 많다고 한다. 이러한 관계로 기존불교도 중에 절에 가서 흥미를 느끼지 못하는 사람들이 쉽게 흡수된다고 한다. 특히 〈어서〉를 길게 해설하지 않고 짧게 이야기한 후, 한 달 동안 자신들의 신앙체험을 간증하는 이야기가 주를 이룬다고 한다. 그들의 간단한 주문을 집중해서 외우는 중에 경험한 그로 인한 치유와 형통을 간증하는 형태라고 한다. 이를 통해 자신의 신앙이 강화되고, 다른 사람에게 자극과 도전을 주게 된다고 한다.

현실과는 거리가 먼 고리타분하고, 선문답같이 하늘에 구름 잡는 것 같은 알 듯 모를 듯 하는 이야기가 아니라, 아주 선명하게 이해할 수 있고 받아들일 수 있게 만들어 성공적으로 전파하고 있다는 것이다. 기존 불교도들에게는 불교를 현대화한 느낌이 들고, 무언가 분명한 깨달음을 얻은 것 같기도 하는 느낌을 주고 있는 것이다. 종교가 없는 사람들에게도 쉽게 다가갈 수 있는, 너무 멀리 있어 보이지도 않고, 무언가 있어 보이게도 만든 것이다.

창가학회는 선교에 있어서 메시지 전달과 수용, 성장의 동력으로서 참여와 조직의 효율성, 그리고 이를 위한 지속적인 자기 개혁이 얼마나 중요한가를 생각하게 하는 경우라 하겠다. 이 창가학회의 모습은 최근의 셀(Cell) 운동과 매우 유사한 점이 있어 보이기도 한다. 이 셀 운동이 성공하기 위한 전제조건으로 사고(思考)와 조직에 있어서 자기 개혁, 갱신이 요구된다고 하겠는데, 아이러니하게도 그 성공적인 예를 창가학회에서 볼 수 있지 않나 싶다.

이상의 고찰에서 제주 기독교 백 년을 돌아보는 세 가지 준거 틀을 추출할 수 있다고 하겠다. 첫째, 당대 사회적인 과제와의 만남을 어떻게 하였는가? 둘째, 문화수용과 변혁에서 어떻게 하였는가? 셋째, 교회 안의 자정능력과 자기개혁을 어떻게 수행하였는가? 하는 것이다.

3
제주 선교 백 년에 대한 비판적인 성찰
- 제주 선교의 어제

　　"지난 백 년간 제주 기독교가 제주에 무엇이었나?" 하는 질문을 스스로에게 던져 보아야 한다. 지난 백 년간 제주에 기독교가 있어서 이루어진 역사나, 미친 영향에 대해서 아직 체계적으로 정리된 자료는 없는 듯하다. 정리된 자료는 없어도 누구나 인정하는 그러한 인물이나 사건도 뚜렷하지 않는 것 같다. 우리 믿음의 선진들의 눈물과 땀과 희생이 있었음에도 불구하고 그러한 의미 있는 역사나 문화적인 흐름을 형성하지 못하지 않았나 하는 생각을 지울 수 없다.

　　특히 제주 사람들의 기독교에 대한 인상도 그리 좋아 보이지 않고 호감도도 그리 높아 보이지 않는다. 아직 믿지 않는 제주 사람들에게 기독교 신자는 누가 뭐래도 자기 생각대로 가는 고집 센 소수의 엘리트이거나 지나치게 피해망상적이고 자기방어적인 비타협 게토(ghetto) 집단으로 비쳐지는 것이 아닌가 하는 의구심을 갖게 한다. 그래 지난 백 년 동안 기독교는 제주 사람들 사이에 깊이 파고들고 뿌리 내렸다는 평가를 하기가 어렵지 않나 생각된다. 열심히 전도하여 많은 교회와 성도들이 생겼지만 제주 사람들과 제주 사회에서는 어쩐지 겉돌고 있다는 느낌을 불식시킬 수 없다. 어쩌면 자신들만의 리그가 아닌지 반문하게 된다. 왜 그렇게 되었는지 돌아보기 위해 앞서 말한 타산지석의 세 가지 준거 틀에 따라 몇 가지 질문을 해 본다. 이 질문에 근거 있는 대답을 찾고 대안을 모색하는 것이 제주 선교의 '어제'를 정리하는 일이고, 내일을 준비하는 일이라고 하겠다.

가. 제주 선교는 당대 사회적인 과제와 어떻게 만났는가?

1) "제주 기독교는 제주 선교를 수행하면서 이중수탈 구조 속에 있던 제주 사람들의 고통을 얼마나 끌어안고 그 해결을 위해 노력해 왔나?"

제주는 정말 가난했던 땅이었다. 이 가난은 제주의 척박한 산업 여건에만 있었던 것은 아니다. 제주 사람들이 무능하거나 근면하지 않아서는 더 더욱 아니다. 제주의 가난은 이중적인 수탈 구조 때문이었다. 제주를 지배했던 몽고나 조선은 제주를 식민지 이상으로 생각하지 않았던 것으로 보인다. 제주의 자본이 형성될 수 없게 심한 수탈로 일관했을 뿐더러, 제주가 스스로 일어설 수 있는 기반을 갖추는 일마저 철저하게 금지하는 정책으로 일관했다. 제주의 지정학적 의미를 알아보고 그걸 육성하려는 세력은 없었던 것으로 보인다. 그냥 떠나고 싶은 땅으로 만들었거나 이어도 같은 이상향으로 도피하게 만들었던 것 같다.

이에 대해 기독교 선교는 그 고통을 끌어안지도 못했고, 그 고통을 해결하는 일에 도움을 주지도 못한 것으로 보인다. 그런 면에서 맥그린치 신부의 50여 년 선교사역은 구조적인 제한점에도 불구하고 시사하는 바가 크다고 하겠다. 그는 자신이 운신할 수 있는 영역에서 제주 사람들의 가난을 끌어안고, 제주 사람들의 가난을 해결하기 위해 싸웠다.

반면 제주 기독교 100년에 육지 출신 목사(선교사)로서 제주에서 종신한 사람이 없다. 그 많은 원로목사도 없다. 떠나고 싶은 땅에서 떠날 기회만 있으면 떠났다. 충분히 떠날 수 있었지만, 육지에 나가면 크게 성공할 수 있었지만 제주 선교를 위해 몸을 바친 사람이 없었다. 이 점은 목회자나 성도나 크게 다르지 않다. 누구나 떠나고 싶은 땅을 누구나 머물고 싶은 땅으로 변화시키려는 선교를 하지 못한 셈이다.

2) 신문명, 신문화의 산실이었나?

지난 백 년 제주의 당면과제 중에 하나는 신문명, 신문화의 접촉과 수용이었다. 말은 안 해도 갈망하는 수준이었다. 이 점에서 제주 기독교는 아주 좋은 입지를 가지고 있었지만, 그 기회를 활용하지 못했다고 하겠다. 이기풍 선교사가 제주에 와서 처음 한 일은 소학교(小學校)를 세운 일이었고, 좋은 반응을 얻었다. 교회에는 관심이 없었어도 자녀들에게 신교육을 시키는 일에는 좋은 반응을 보였던 것이다. 앞서 살펴본 바와 같이 1909년에 설립된 카톨릭교회의 신성여자중고등학교의 예가 의미하는 것을 깊이 음미해 보아야 하겠다. '이재수의 난'이 난지 10년도 안 된 상황에서도 학교가 문을 열게 되고 자녀들을 그 학교에 보냈다는 사실은 무엇을 의미하는가? 그 선교적 영향은 이미 살펴본 바 있다.

안타까운 일은 개신교회에서는 이 일을 보다 질 높게, 지속적으로 하지 못했다는 데 있다. 학교편제가 굳어지는 20세기 초반에, 서양의학과 선진문물에 대한 수요가 폭발

적이었던 때에 그런 교육선교나 의료선교나 사회봉사적인 선교는 선교지의 미약한 개교회가 감당하기에는 너무나 벅찬 일이었다. 육지에서 진행되었던 미션스쿨이나 병원을 건립하는 의료선교 등이 제주에서는 전혀 이루어지지 않았던 것이다. 교회는 당대 사회적인 과제와 유리된 채, 일부 선각들과 그 친인척(괸당)들의 폐쇄적인 모임으로 굳어지게 되었다. 그것이 선교에 어떤 영향을 미치는지는 자명한 일이다. 이런 모습은 현재도 일부 제주의 시골지역에서 그대로 발견되기도 한다. 제주 선교 초창기에 서양선교부의 손이 미치지 못한 이러한 사연과는 달리 해방 이후에 찾아온 기회를 제주 교회 스스로 잃어버린 경우도 있다. 해방 후 미국 남장로회 선교부에서 제주도에 미션스쿨을 세우는 일을 추진하였으나 제주 교회의 반대로 무산된 일은 두고두고 아쉬운 일이 아닐 수 없다.

3) 식민통치에 어떻게 저항하였나?

누가 뭐라고 해도 20세기 전반, 외세의 침탈과 국권의 상실, 가혹한 일제의 식민통치 시대에서 제주, 더 나아가서 한국의 가장 큰 과제는 국권회복이었다. 그러나 국권회복운동, 독립운동은 잔인하고 집요한 탄압으로 지리멸렬하게 된다. 희망이 사라질 때 사람들은 대체로 종교적인 귀의로 돌파구를 열어간다. 종교적인 피안(彼岸)으로 도피하기도 하지만, 종교적인 신앙의 힘을 의지하고 투쟁의 장으로 뛰어들기도 한다. 엄혹한 무단통치 기간에도 종교와 학생들은 어느 정도 조직적으로 움직일 수 있기 때문이다.

1918년 법정사 항일운동은 아주 좋은 예라고 하겠다. 삼일운동 1년 전에 서귀포 법정사(法井寺)를 중심으로 "불무황제(佛務皇帝)가 출현하여 국권을 회복하게 될 것이니, 우선 제주도에 사는 일본인 관리를 죽이고 상인들을 도외(道外)로 쫓아내야 한다."는 기치 하에 벌였던 투쟁이었다. 이 항일운동에는 불교도와 보천교도 등이 힘을 모아 벌린 제주 종교인 최초의 항일운동이었다(실제로는 보천교도들이 주도한 운동이었지만, 현재 보천교가 와해되어 있어 그 사실을 드러내 놓지 않는다고 함). 비록 실패하였지만 불교가 제주인을 위한 종교라는 강한 인상을 주기에 충분한 사건이었다.

삼일운동 때 제주 기독교는 목사들을 비롯하여 많은 성도들이 일정하게 참여하였다. 그러나 주도적으로 하였다고 보기는 어렵다. 그 중에 조봉호(趙鳳鎬)의 군자금 모집 사건은 매우 중요한 사건이었다. 조봉호는 금성교회 출신으로 숭실고등학교를 졸업한 당시로서는 선진, 엘리트 청년이었다. 그는 이기풍 목사의 조사(助事)로써 전도사 일을 보기도 하였지만, 교회의 치리를 받아 출교(黜敎)를 당한 인물이었다. 삼일운동 후 상해에서 결성된 임시정부에 군

자금을 비밀리에 모금해서 보내는 운동에 적극적으로 가담하여 제주도 내에서 많은 사람들의 참여를 이끌어 낸 인물이었다. 조봉호는 거금을 모금하여 송금하는 과정에서 발각이 나자 모든 책임을 홀로 뒤집어쓰고 동지들을 구했다고 한다. 그는 대구에서 복역 중 옥사하였다. 해방 후에 제주도민이 기념비를 세우고, 국가에서는 독립유공자로 추서했다.

그러나 이후에 진행된 제주도 내의 항일운동이었던 신인회(1925-1931) 운동, 아나키스트 운동(1928-1930), 자주운항운동(1930-1935), 제주해녀항일운동(1932), 적색농민조합운동(1933)에 교회와 기독교인이 어떻게 참여하고, 어떠한 역할을 했는지는 아직 소상히 밝혀지지 않고 있으나, 분명한 것은 이러한 운동을 교회나 기독교인이 주도하거나 적극적으로 참여하지 않았다는 것이다. 그들이 대부분 진보, 좌익성향을 가졌기 때문이었을 수도 있으나, 당시는 좌우익의 대립이 첨예하게 대립되는 상황이 아니었다는 점을 감안하면(해외 독립운동의 현장에서는 좌우익이 함께 일한 적이 많음) 제주 교회와 교인이 이러한 사회적인 흐름을 주도적으로 이끌 역량과 자세가 준비되어 있지 않지 않았나 하는 생각을 하게 된다. 그렇다고 해서 그들과 차별화된 독자세력을 형성하여 국권회복운동이나 그에 버금가는 운동을 이루지도 못했다. 제주 기독교에서는 일제시대(日帝時代)에 순교자들을 내지 못한 것은 많은 것을 말해준다고 하겠다.

제주 기독교는 일정한 거리를 두거나 방관자적인 입장을 견지하였다고 보여 진다. 또 당시 제주 교회는 제주 사회의 주류에 끼지 못한 것 아닌가 의심이 든다. 신앙적 역량이 특출하였다고 하기도 어렵다. 신사참배나 창씨개명이나 조선어 말살 정책에 거의 저항하지 못했던 것 같다. 교회의 당회록이나 제직회록이 일본어로 쓰여 있고, 창씨개명된 이름으로 기록된 것을 보면 많은 것을 짐작하게 한다. 물론 이러한 점은 육지에서도 소수의 순교자나 옥중성도들을 제외하면, 대부분의 교회와 교인이 순응했던 점을 비추어보면 제주 기독교의 문제만은 아니라고 할 수 있겠으나, 그것이 제주 선교에 많은 부정적인 영향을 끼친 것은 부인할 수 없다고 하겠다. 한 마디로 순교시대에 순교자가 없는 교회라는 말이 모든 것을 대변해주는 듯하다.

4) 4.3 사건, 민주화 운동에서 제주 기독교는 무엇이 었는가?

여기서는 4.3 사건의 진상을 밝히거나, 민주화 운동의 실체를 이야기하는 자리는 아니므로 그걸 이야기하고 싶지는 않다. 다만 지난 반세기 넘게 제주의 가장 아픈 비극적인 사건에 교회가 어떻게 치유와 화해의 역할을 했느냐 하는 것을 묻고 싶은 것이고, 해방이후 한국사회의 화두인 민주화운동에 교회가 어떻게 참여하였는가를 묻고 싶은 것이다. 아주 어려운 여건 속에서도 개별 교인이나 개교회가 제 목소리를 내려고 애쓴 경우는 있다. 그렇지만 전교회적인 노력은 많이 미흡하지 않았나 생각된다. 아니 거의 없어 보이기도 한다.

카톨릭교회에서는 해마다 4.3 추모미사를 드리고 여러 행사를 가졌다고 한다. 불교 또한 천도제를 올리는 등 노력을 기울여 왔으나, 기독교에서는 연합추모집회나 기도회, 그리고 4.3 입법운동을 거의 하지 않은 것으로 나타난다. 혹자는 가해자와 피해자가 한 교회 안에 있어 그렇다고 하지만, 교회의 화해의 복음을 생각하면 궁한 변명이 아닐 수 없다. 이 점은 민주화 운동에서도 크게 다르지 않다. 독재상황에서 발령된 계엄령과 위수령과 긴급조치 등에서 언제나 제주도는 예외이었던 건 무얼 말하는지 생각해 보아야 한다. 단순히 지리적 특성을 반영한 것으로만 보기는 무언가 빠져있어 보인다.

이러한 교회와 교인들의 대처 모습이 제주 사람들에게 어떻게 비칠까하는 것을 곰곰이 생각해 보아야 한다. 적어도 그런 모습이 비기독교인이나 무종교를 표방하는 제주 사람들에게 어떤 영향을 미칠 것인가 생각해 보면서 그게 선교에는 어떻게 작용할지를 따져보아야 한다. 그런 모습이 믿지 않는 사람들에게 기독교나 교인들의 이미지나 호감도를 어떻게 만들어 갈지를 고민해야 할 것이다. 물론 보여주기 위한 행사를 해야 한다는 말이 아니다. 누구를 심판하고 정죄하자는 말이 아니다. 진정으로 이 땅 제주의 아픔과 상처를 어떻게 대하고 있는지, 그것의 치유와 화해를 위해서 자신을 내어 놓는 고통을 감내하는지를 스스로에게 묻는 것이다. 특히 불교나 카톨릭교회가 적극적으로 대처하는 모습과 비교된다면 선교에 더 심각한 문제가 될 것이다.

나. 문화수용과 변혁에서

많은 사람들이 동의하는 바와 같이 제주 문화의 첫 번째 공통지반은 제주의 민간신앙인 무속(巫俗, Shamanism)이라 하겠다. 이 무속도 제주에서 불교 못지않게 탄압을 받았다. 조선조에는 유교라는 지배 이데올로기로 인해, 일제시대에는 미신타파를 내세운 민족문화말살정책으로 인해, 그리고 군사독재정권시절에는 근대화를 빌미로 민초(民草)의 결집을 막을 요량으로 인해 많은 탄압을 받았다. 1970년대 새마을운동 때에는 제일 탄압이 심해 제주 점집의 70%가 파괴되었다고 한다. 각종 무속 굿이나 행사도 마을의 당제, 포제 정도로 축소되었다고 한다. 그러나 현세구복(現世求福)을 추구하는 사람들의 종교적인 심성은 마르지 않는 바다와 같아서 탄압한다고 쉽게 사라지지 않는다. 독자적으로 생존하거나, 다른 소위 고등종교에 동화되어서도 이어진다. 사라진 것 같으나 사라지지 않는 게 무속이라고 한다.

선교적으로 주목해야 할 점은 무속이 다른 종교와 결탁하는 형태이다. 고등종교라 하는 종교들이 이 무속과 만나는 형태는 전적으로 수용하여 외피는 고등종교지만 내용은 무속인 경우도 있고, 끊임없는 배척과 갈등 속에서 그 지역에 뿌리내린 토착(土着)종교로 나아가지 못하는 경우도 있고, 무속과는 다른 현세구복의 패러다임(Paradigm)을 제공해서 사람들의 종교적인 필요를 채워 나가면서 변혁을 추구하는 경우도 있다고 하겠다. 기독교 선교에서 가장 바람직한 형태가 무엇일지는 많은 숙고가 필요하다. 이 형태들이 때로는 단계적으로 나타나기도 하고, 혼재되어 있기도 하다. 제주 기독교의 상황은 두 번째 경향을 가지고 있는 것이 아닌가 하는 생각이 든다.

제주문화의 두 번째 공통지반은 '괸당문화'라고 한다. '괸당문화'는 제주의 독특한 문화다. 제주도라는 지역적인 특징으로 인해 마을 단위 내에서 혼인(婚姻)을 통해 친인척으로 이어져서 만들어진 문화다. 마을 사람들이 거의 친인척으로 연결되어 있고, 이혼이나 재혼, 삼혼 그리고 그 사이에 출생한 자녀들로 인해 친인척 관계가 복잡하게 얽혀서 만들어 내는 독특한 문화다. 아무런 인척 관계가 없다고 해도 마을에서는 모두 삼촌, 조카로 살아가는 제주에서만 볼 수 있는 강력한 공동체문화이다.

어찌 보면 괸당문화는 노동과 소속감과 성취감과 마음의 평안 등 생존과 인생문제 전반에 걸쳐 스스로 답을 주는 완결체제가 아닌가 생각된다. 특히 제사를 매개로 하여 괸당문화는 거부하기 힘든 일종의 대체종교적인 성격을 띤다고 하겠다. 제주 사람들의 삶의 전반을 지배하는 벗어나기 힘든 살아 있는 힘이라고 하겠다. 누구도 괸당에서 축출된다든지 거부되기를 원하지 않는다. 괸당문화를 답답해 하면서도 한 편으로는 두려워하기도 하는 것이다.

이러한 공통지반에서 끈질긴 문화적 생명력과 공동체적 응집력을 가진 제주에서 기독교의 선교 메시지와 기독교인의 삶은 제주 사람들에게 어떻게 비추어졌을까? 한마디로 제주 사람들에게 기독교와 기독교인들은 가까이 하기에는 너무나도 먼 당신으로 느껴지지 않을까 생각된다. 생소함을 넘어서 바람직한 관계를 만들기에는 아무런 고리가 없는 것처럼 생각하는 것으로 보인다. 적대적으로까지 발전하는 경우도 있다. 카톨릭교회가 제사를 반대할 시기에는 천주교를 믿으면 집안이 망한다는 속설이 널리 유포되기도

하였다. 이러한 사정은 개신교회에도 크게 다르지 않다. 기독교가 제주에 토착되어 있다는 느낌을 많이 주지 못하는 이유가 여기에 있지 않나 생각된다. 공동체문화에서 철저하게 격리되어 있는 것이 아닌가 한다. 제주의 문화적 공통기반과의 만남에서 그다지 성공적이지 못했던 것이 아닌가 생각된다. 거기에는 문화와 교리의 문제가 걸려 있다고 본다. 교리적으로만 접근해서는 어떤 해결책이 있을까 궁금해진다.

한편, 교회와 교인들에게 제주 문화의 두 가지 공통지반은 어떤 모습으로 비쳐졌을까? 대단히 힘겹고 어려운 대상으로 느껴졌던 것 같다. 타파해 버려야 할 미신으로 여겼든지, 나름대로 의미를 찾아보려고 애썼든지 제주의 민간신앙은 참으로 버거운 상대로 느꼈을 법하다. 괸당문화의 벽은 너무나도 견고해 보였던 것 같다. 그렇다고 교리적인 융통성을 누릴 입장도 아니었다. 거의 근본주의적인 신앙과 신학이 주류를 형성했기에 교리적인 융통성을 도저히 가질 수 없었다. 더욱이 다양한 교파로 인해 문화와 교리가 상충되는 것을 효과적으로 조정할 수 있는 길도 사실상 없었다는 것도 어려움을 가중시킨 원인이었다고 하겠다. 공론화나 신학적인 모색조차 하기 어려운 분위기였다. 그래서 제주 기독교는 제주 공동체의 중심에서 자꾸 밀려나게 되고, 제주의 문화적인 흐름에 영향을 거의 주지 못하는 것으로 생각된다. 무관계성(無關係性)과 폐쇄성(閉鎖性)을 동시에 가지고 있는 것이 아닌가 생각된다.

다. 교회 안의 자정능력과 자기개혁에서

또한 제주 선교를 어렵게 하는 눈에 잘 띠지 않는 것 중에 하나가 교회와 교인들에게 있음을 간과할 수 없어 보인다. 어느 지역이나 비슷하겠지만 복음을 처음 접한 사람들은 대개 선각자적인 사람들이었다. 시대를 앞서 갔던 사람들이었다. 그런 사람들이 교회의 주축을 이루고 세대를 감당해 가면서 선교를 주도해 나가게 된다. 그러나 앞서 살펴본 비판적인 성찰에서도 보듯이 제주 교회는 대체로 이 점에 많은 약점을 가지고 있었던 것 같다. 그리고 오랜 세월 그것을 극복하지 못하고, 교회 자체가 갱신되지 못하자 그 폐해는 자못 심각하다 하겠다.

지금도 제주의 시골지역에서 전도하다 보면 그런 면을 많이 느끼게 된다. 낡은 정신, 낡은 조직으로 변화하는 선교현장을 따라잡기 어렵게 된 것이다. 소수의 가족 중심적인 교회의 교인들이 자기 기득권에 집착할 때, 그 동네에서 누구도 교회에 발을 들여놓기가 어려운 것이다. 결신자는 많은데 교인은 늘지 않는 현상이 일어나는 것이다. 권

당들의 눈치를 보는 면도 있지만, 오랫동안 형성되어 온 동네 안의 인간관계나, 교회 안에서 교인들이 벌리는 이해할 수 없는 행태가 그들을 교회에 들어오게 하지 못하게 만드는 것이다. 교회 스스로가 교회의 게토(ghetto)화를 심화시키고 있는 것이다.

더욱이 교회 안에 기득권을 가진 사람들이 동네에서 영향력이 없거나, 심지어 지탄받는 경우라면 더 말할 필요도 없다. 그들이 어려운 선교환경 속에서 교회를 지켜 온 수고는 인정해야 하겠지만, 자신들도 모르게 선교를 가로막는 역할도 하고 있음을 놓쳐서는 안 될 것이다. 과감하게 기득권에 안주하지 않도록 신앙적으로나 교회 제도적으로나 교회 조직적으로나 끊임없이 갱신되어야 제주 선교의 새로운 활로가 열리리라 생각된다.

사실, 옛날에는 그 동네에서 가장 큰 건물이 바로 교회였다. 그래서 동네의 일들을 의논하려고 하면 신, 불신을 불문하고 교회에 모였다. 교회에 모이지 않더라도 무언 중에 교회에 대한 존경심 같은 걸 가졌다. 그리고 교회는 무언가 자신들이 알지 못하는 것을 가지고 있다고 생각하기도 하고, 자신들보다 앞서간다고 생각했던 것이다. 그래 자신들은 교회에 나오지 않아도 자녀들은 교회에 보내거나, 교회에 다니는 걸 묵인했다. 이를테면 교회와 동네 사이에 어떤 보이지 않는 낙차(落差)가 있었던 것이다. 이는 선교에서 매우 중요하게 작용했다.

그러나 사회가 점점 발전해 가면서 이런 선교의 낙차가 점점 사라지게 되거나 역전되고 있는 추세이다. 나라가 점차 부유해지면서 교회건물보다 더 크고 편리하고 잘 지어진 마을회관이 마을마다 들어서고 있다. 국가나 지자체에서 주관하는 마을회관, 경로당, 종합사회복지회관 등은 건물의 의미뿐 아니라 점차 삶의 중심으로 자리 잡아가고 있다. 교회의 사회적 기능이나 기대가 현저하게 떨어져가고 있는 셈이다. 어떤 지역에서는 교회가 선교는 말할 것도 없고, 자체의 명맥을 유지하는 일에 더 다급해지는 경우도 있다. 교회의 고사(枯死)를 고민하고 염려하게 되는 것이 낙후된 많은 농어촌교회가 직면하고 있는 현실이다. 제주의 선교현장에서도 이 같은 안타까운 현실은 어렵지 않게 발견할 수 있다.

이러한 현실에서 교단과 교회가 선교의 대국적인 견지에서 통폐합이나 그 외의 조치를 강구해야 할 것으로 보인다. 무엇보다도 인적 쇄신이 자연스럽게 일어나도록 영성과 제도를 갱신하고 개혁하는 일을 더 이상 미루어서는 안될 일로 보여진다.

4
반성에서 대안으로
- 제주 선교의 오늘과 내일

가. 현장과 현실에 대한 비판적 성찰 능력

지금까지의 제주 선교에 대한 비판적인 반성에서 대안을 모색할 때 제일 먼저 주목해야 할 점은 '현장과 현실에 대한 비판적 성찰 능력'을 높이는 것이라 하겠다. 이를 위한 신학적 사고의 성숙이 시급히 요청된다고 하겠다. 신학교육을 받은 목회자뿐만 아니라 성도와 교회, 그리고 교단과 선교단체가 이 부분에 먼저 주목하고 힘을 모아야 할 것이다.

그래야 당대의 과제를 분명히 볼 수 있고, 합당하게 대응하게 될 것이다. 당대의 문화의 흐름을 놓치거나, 당대의 사회적 과제를 외면하거나 사회적 과제에서 소외당하는 것이 선교에서 얼마나 큰 문제인지 이미 잘 살펴보았다. 이를 위해서는 다시 말하지만 '현장과 현실에 대한 신학적, 신앙적 비판적인 성찰 능력'을 높여야 하는 것은 아무리 강조해도 지나치지 않다. 제주 선교를 위한 '전문적인 연구소'가 필요한 이유이기도 하다. 이는 제주 선교의 문제와 과제를 명료하게 찾아내고, 그에 대응하기 위한 제주 선교의 바람직한 방향을 설정하고, 현실적이고 효과적인 선교 대안을 계발하여 선교를 지속하기 위한 동력과 방법을 찾아내고 실천하기 위해서 꼭 필요한 일이라고 하겠다.

참고로 우선 우리 시대의 제주가 만나고 있는 사회적 과제는 다음과 같다.

1) 국제화, 지구화(Globalization)에 적응과 변환 – 이에 따른 의식개혁, 삶의 변화의 창출
2) 사회와 삶과 양극화의 극복, 교회 양극화의 극복
3) 화해와 상생
4) 산업구조의 변동
5) 새로운 공동체문화 창출

이 각 과제와 대안에 대한 자세한 설명은 다음 기회로

미루고 생략한다.

나. 영성적 개혁

이와 더불어 영성적 개혁을 소홀히 할 수는 없다. 영성적 개혁 없는 지속적이고 효과적인 선교는 생각할 수도 없다. 지금까지 한국교회를 이끌어 왔던 영성은 지난 세기 망국과 일제강점기와 한국전쟁과 경제건설과 민주화운동을 통과하면서 형성된 '십자가 고난의 영성', '축복의 영성'이 아닌가 생각된다.

그러나 그 영성을 형성한 세대가 점차 사라져가고, 물질적 풍요 속에 그 영성의 시효가 끝나가고 있다고 판단된다. 그리고 그를 대체해서 한국교회와 선교를 이끌어 갈 새로운 영성이 아직 충분히 형성이 되고 있지 않은 듯싶다. 지난 1990년대 이후 최근에 이르기까지 한국교회의 침체와 무기력증(無氣力症)은 이 영성의 고갈과 무관하지 않다고 본다. 한국교회의 침체와 무기력증은 여러 가지 원인이 있겠지만 궁극적으로는 이 영성적 고갈이 가장 큰 문제가 아닌가 생각된다. 특히 제주에서는 이 영성의 고갈과 더불어 선교현장의 여러 문제들이 복합적으로 작용하고 있다고 하겠다.

우리 세대를 감당할 새로운 영성의 실체로 '부활과 섬김의 영성', '화해-연합과 연대의 영성', 그리고 '종말의 영성'이 요구되고 있다고 생각된다. 많은 연구와 설명이 필요하겠지만 이 자리에서는 명제적으로만 다룰 수밖에 없다. 이는 오늘의 제주 선교현장에서 감당해야 할 당대의 사회적 과제와도 연결되어 있다. 이를 통해 공존과 대결, 대화와 변화, 그리고 기다림과 인내를 이끌어 낼 수 있으리라 본다. 선교현장에서 흔히 경험하는 힘의 대결(Power Encounter)에서 복음의 능력을 증거하며 복음을 전파할 수 있게 될 것이다.

다. 선교의 전략

우리 시대 제주에서 유용해 보이는 선교의 전략을 세 가지로 정리해 보았다. 많은 질정과 비판적인 보완이 필요한 부분이다. 다만 논의의 실마리로 이야기해 보고 싶다.

1) 첫째로 선교의 출발점에서 목표까지 전략이다.

우선 '섬김 - 만남 - 대화 - 공존 - 변혁'의 전략이다. 섬김을 출발점으로 삼아 단계적으로 만남과 대화와 공존을 거쳐 변혁에 이르게 하자는 것이다. 하나님나라를 확

실하게 누리는 사람들로서 주님이신 예수님의 모습대로 세
상을 향해 섬김의 모습으로 나아가는 것은 너무나도 당연
하다.

지금까지 한국교회의 선교 또는 전도는 그 전략적으로
보면 지나치게 공격적인 개종위주의 전도와 선교였다고 하
겠다. 대화나 설득보다는 선포 중심적이고, 삶보다는 도그
마 중심이었다고 본다. 기독교신앙 외에 모든 것을 부정하
는 전부냐, 전무냐의 식으로 접근했던 것 같다. 이러한 공
격적인 전도와 선교는 단시일 내에 매우 효과적인 결과를
가져오기도 한다. 한국교회의 급성장에 적지 않게 공헌했
다고 하겠다.

그러나 그것은 한국에서 기독교가 소수이고 약자처럼
인식될 때는 별 문제가 없이 수행할 수 있는 전략이었지
만, 지금처럼 기독교가 한국의 중요종교로 자리매김 되어
있고, 가지고 있는 역량보다 과대평가되고 있는 시점에서
는 많은 반발을 일으킬 수 있는 전략임을 간과해서는 안
된다. 인터넷에 홍수 같이 떠돌고 있는 안티(Anti) 기독교
의 실체를 인정한다면, 그들이 왜 생성되었는지도 진지하게
물어 보아야 할 것이다. 실제로 한국의 모든 종교들 중에서
기독교(개신교)만큼 열심히 전도하는 종교가 없지만, 종교
호감도에서 그렇게 열심히 전도하지 않는 다른 종교에 계
속 밀리고 있는 현상은 이를 잘 반증해 준다고 하겠다.

그래서 우리 시대, 특히 앞서 살펴본 바와 같은 여러 가지 복합적인 여건을 가진 제주에서 선교는 그 출발점을 '섬김(Diakonia)'으로 삼아야 한다고 본다. '디아코니아'에서 시작하면 거부감을 줄일 수 있고 접근하기 쉬운 면이 있다. 그렇게 해서 '만남(관계)'이 형성되게 하고, 자연스럽게 '대화'로 이어지게 하고, '공존'을 거쳐 '변혁'으로 나아가게 전략을 수립하자는 것이다. 결코 개인 전도를 포기하자는 말이 아니라, 전도를 좀 더 포괄적으로 멀리 보며 더욱 열심히 하자는 이야기이다. 성도 개인도, 개교회도, 교단과 교단 연합에서도 이 전략을 함께 수립하고 수행하자는 것이다.

2) 둘째로 '개별화와 집단화' 전략이다.

제주에는 약 360여 개의 오름이 있다. 오름은 '기생화산'이라고 하기도 하는데 작은 화산의 분화구라고 보면 된다. 이 오름은 거의 모두 독자적으로 솟아 있다. 그러나 독자적이면서도 그 지역과 제주도 전역과 조화를 이루기도 한다. 이러한 자연환경에서 오랫동안 살아온 제주 사람들은 독자적이면서도 연대적이다. 그래서 제주 선교는 개인 전도만으로는 성과를 얻기가 어렵다. 반면, 종족이나 부족 중심의 세계에서 흔히 보는 집단개종도 어려운 지역이다.

따라서 개별적인 신앙고백과 집단적인 여건과 흐름을 동시적으로 전략적으로 추진할 수밖에 없다고 본다. 이런 전략적인 파악에서 그것을 구체화시키는 다양한 방법을 계발해 내야 하는 과제를 안고 있다고 하겠다. 육지나 다른 나라에서 통하는 방법이라고 해서 제주에서 그대로 통한다는 법이 없다. 이 점은 이미 제주에서는 충분한 시행착오를 겪었다고 하겠다. 육지에서는 되는 방법이 왜 제주에서는 맥을 못 추는지 깊이 숙고해야 할 것이다. 그리고 '개별화와 집단화'에서 그 대처 방법을 찾아야 할 것이다.

3) 셋째로 '거점(據點)과 사이' 전략이다.

제주도는 하나의 섬이다. 그 자체로 완결(完決)된 지역이라는 말이다. 제주는 제주시와 서귀포시에 대부분의 주민이 살고 있다. 제주시에 약 55%, 서귀포시에 약 15%의 주민이 살고 있다. 그러니까 약 70%의 주민이 도시에 집중되어 있다. 물론 현재는 행정구역편제로는 제주도 전체를 제주시와 서귀포시로 양분하여 북쪽은 제주시 남쪽은 서귀포시로 되어 있지만 약 70%의 주민은 옛 제주시와 서귀포시에 집중되어 있다. 이는 제주의 산업구조의 변동에 따른 것이라고 하겠다.

그러므로 제주 선교는 전략적으로 제주시와 서귀포시를 우선 집중할 수밖에 없다. 그리고 이 지역은 타지역에 비

해 선교에 어려움을 주는 옛 문화의 영향력이 상대적으로
약하고 유동인구가 있는 곳이므로 집중해 볼 충분한 근거
가 있다. 우선 제주시와 서귀포시에서 효과적인 선교의 방
법을 찾아야 한다. 제주시와 서귀포시에 집중하면서 제주
시에서 동진하여 서귀포에 이르는 선상(線上)에 있는 거점
지역을 중시해야 한다. 조천 - 세화 - 성산 - 표선 - 위
미 - 서귀포이다. 그리고 서귀포시에서 서진하여 제주시에
이르는 선상(線上)에 있는 거점지역을 중시해야 한다. 중
문 - 안덕 - 모슬포 - 고산 - 한림 - 애월 - 하귀 - 제
주시이다. 이들 거점지역과 거점지역 사이, 그리고 이들
거점지역과 한라산 쪽 중산간(中山間)을 연결하는 지역을
감당하는 전략이다. 이러한 '거점과 사이' 전략에서는 개교
회와 개교회, 교단과 교단의 연합과 연대가 너무나도 절실
하다. 공동선교, 공동목회라는 개념으로 이를 감당해야 할
것이다.

라. 선교의 정책

전략이 방향성의 문제라면, 정책은 구체적인 실천지침,
프로그램이라고 하겠다. 제주 선교를 위해 일곱 가지 정책
을 말하고 싶다. 개인적으로 개교회적으로 교단적으로 또

는 연대해서 밀고 나가야 할 일이라고 생각된다. 열린 마음으로 토론하고 보완해야 할 것임은 이론(異論)의 여지가 없다.

1) 개교회(個敎會)의 성장정책

선교에서 개교회의 성장은 아무리 강조해도 지나치지 않는다. 개교회의 성장이 없이는 선교의 열매를 얻기 힘들고, 선교의 열매를 담아내기도 어렵고, 지속적인 선교도 한계에 봉착할 수밖에 없다. 문제는 개교회의 성장을 어떻게 이루어 가느냐 하는 것이다. 같은 제주라고 해도 그 교회의 성장여건이 다 똑같다고 할 수 없다. 도시와 농어촌이 다를 수밖에 없고, 해안과 중산간도 같은 여건이 아니다. 수많은 교회성장이론과 사례 중에 그 교회와 지역에 합당한 교회성장이론을 찾아내고, 그 비슷한 사례를 참조해서 개 교회마다 독자적인 교회성장을 이루어가는 것이 바람직하다고 하겠다.

한 가지 분명한 것은 다양한 교회성장이론과 사례가 있다고 할지라도 그 공통적인 기본은 '교회의 본질 회복(개혁과 갱신)을 통한 교회 성장'이어야 한다는 사실이다. 이를 위해서 먼저 '개 교회와 목회에 대한 진단과 클리닉'이나 '목회 코칭(Coaching)' 같은 것이 필요하다 하겠다. 이런 일을 통해서 해당 목회자와 성도들이 새로운 도전과 통찰을 얻고, 격려를 받아 제주 선교의 주역으로 세워가야 할 것이다. 낮은 단계에서 시작하여 조금씩 이끌어 올리는 지혜가 필요하다. 그곳의 목회자와 교회가 낙심하고 포기하면 아무 일도 일어나지 않는다. 물론 목회자와 교회성도의 성장에 대한 기도와 열망이 하나가 되어야 함은 두 번 말할 필요가 없다고 하겠다. '개 교회들의 성장연대'와 '미자립 교회와 지원교회와의 연대'도 함께 교회의 본질을 회복하는 데 초점을 맞추고 힘을 모아야 할 것이다.

2) 개척 교회 운동 정책

현재 제주에는 약 340여 개의 교회가 있다. 이미 세워진 교회가 잘 성장하게 하는 것은 제주 선교에서 너무나도 중요하다. 동시에 새로운 교회의 개척운동도 계속해야 한다. 도시형 개척과 비도시형 교회개척을 계속해야 할 것이고, 무교회지역의 개척교회 운동도 계속해야 한다. 이를 위해 선교학적, 사회학적 현장조사가 선행(先行)되어야 할 것이다. 이런 현장조사를 통해 제주도 전역을 대상으로 해서 '제주 교회개척지도'를 만들 수 있을 것이다.

그리고 우선 제주에서 개척교회의 경험을 모으는 것도 아주 중요한 일이다. 실패한 경우, 성공한 경우 모두가 소중한 경험이다. 개척 후 교회가 잘 성장한 경우, 개척한 후 오래 동안 답보상태에 있는 경우 등 다양한 경우를 발

굴해서 경험을 축적해야 한다. 특히 무교회(無敎會) 지역에서 개척하여 교회를 세운 경우를 소중히 다루어야 한다. 제주에서 아직도 무교회 지역으로 남아 있는 곳은 나름대로 이유를 가지고 있기 때문이다. 이런 지역은 교회가 꼭 있어야 할 지역임에도 불구하고 대개는 지역민들의 극심한 반대로 교회가 세워지지 못한 경우가 대부분이다. 현재 200호 이상(상주인구1,000명)의 마을 중에 아직도 교회가 세워지지 않은 곳이 약 13개가 있다고 조사되고 있다. 이런 지역에 교회를 세우는 것은 제주 선교에서 매우 실제적이고도 상징적인 진전이라고 하겠다.

지금까지 이런 지역에서 개척하여 교회를 세운 경우를 살펴보면, 처음부터 교회를 세우려고 해서는 대개 성공하지 못한다는 공통점을 가지고 있다. 2년에서 3년 동안 목회자가 신분을 드러내지 않고 그 마을에 들어가 살면서 마을 사람과 안면을 익히고, 마을에 필요한 일을 하면서, 마을 사람들의 마음을 얻은 후에 마을 사람들의 동의 내지 묵인 하에 교회를 세워나간다는 것이다. 이렇게 하기 위해서는 목회자(선교사) 자신의 영성관리와 인내가 절대적으로 필요하고 지원체계 또한 절실하게 필요하다.

육지에 있는 대형교회와 연대개척이 이 면에서 효과적이라고 하겠다. 육지의 대형교회가 해외에 선교사를 보내는 것처럼, 제주 선교를 위해서 목회자 한 가정을 무교회

지역에 파송하고 그의 선교비를 보내면서 기도로 연대하여 함께 개척하는 것이다. 제주의 자립교회들도 여러 교회가 연대하여 이런 연대개척을 감당해 낼 수 있으리라고 본다. 어떤 경우든 그 지역에 들어가 사는 목회자(선교사)가 그 사역을 주도하고, 참여하는 교회들은 지원하는 체계가 바람직하다고 하겠다.

3) 사회봉사(Diakonia) 정책

선교전략에서 이미 다룬 바와 같이 사회봉사(Diakonia)의 선교적인 측면을 다시 한 번 고려하고 정책적으로 반영하여야 할 것이다. 사회봉사는 신교직 도대를 구축해 주는 중요한 의미를 가진다. 일종의 간접선교인 셈이다. 그렇지만 디아코니아의 선교적 이해는 디아코니아의 결과에서 비롯되는 것임을 분명히 해야 한다. 디아코니아는 어떤 목적도 가져서는 안 된다. 수님의 마음과 명령에 따라 신성으로 디아코니아를 행하다 보면 그 결과로 선교적인 토대가 구축되는 것이지, 선교적인 토대를 구축하기 위해서 그 방편으로 디아코니아를 행하는 것이 아니라는 말이다.

교회의 사회봉사는 이런 차원에서 시행해야 한다. 당장의 선교적 성과를 추구한다든지, 묵시적인 강요가 곁들여져서는 결코 안 된다. 그렇게 하면 오히려 역효과를 가져올 수도 있다. 조급한 마음을 버려야 한다. 심지어는 교회

나 성도의 어떤 유익이나 이익을 추구해서는 결코 안 된
다. 그런 마음이 있을 때는 시작하지 않는 것이 나을 수도
있다. 그런 건 아예 기대조차 하지 말아야 한다. 그저 주
님의 섬김의 마음으로 자신을 낮추고 내어 주어야 할 것이
다. 교회의 인적 물적 자원의 일정한 부분은 디아코니아에
떼어 놓는 것이다. 소문도 내지 말고, 선전도 하지 말고
왼손이 하는 것을 오른 손이 모르도록 해야 한다.

이런 사회봉사는 교회 자체적으로만 하든지, 지자체나
정부기관과 연대해서 하기도 한다. 어떤 경우에도 그 경영
은 투명해야 한다. 특히 정부기관과 연대하는 경우는 더욱
그렇다. 교회와 복음의 공신력을 위해서 결단코 소홀하게
해서는 안 되는 부분이다. 교회는 우선 그 지역의 사회봉
사적인 필요를 정확하게 조사하고 진단하여 치밀하게 준비
하고, 교회가 감당해야 할 책임을 잘 감당하여야 한다. 그
러기 위해서는 전문교육이 필요하고, 자원봉사자들에 대한
훈련과 연수가 필수적인 일이라 하겠다.

4) 연대 선교 정책

국내외적으로 다양한 선교동역관계(Partnerschaft)의
설립과 활용이 요청된다. 교회적인 차원에서든지 교단적인
차원에서든지, 선교회 차원에서든지 국제적으로 또는 국내
적으로 다양한 선교동역관계를 만드는 것이 필요하다. 상

호 이해와 배움, 그리고 상호 실질적인 교류가 이루어져야 한다. 이를테면 육지교회와 선교동역관계이든지, 외국교회와 선교동역관계이든지 어린이, 청소년, 청년들의 교류가 정기적으로 이루어지도록 노력하는 것이다. 개인전도에서도, 교회개척에서도, 교회성장에서도, 세계선교의 현장에서도 주님 안에서 열린 마음으로 하나를 이루어가는 연대를 잘 활용하여 서로 격려 받고 격려하는 일들을 만들어가야 할 것이다.

이와 관련하여 이주노동자나 외국인 유학생과 다문화 가정을 섬기는 일에도 연대를 활용해야 할 것이다. 단순히 돕는 차원이 아니라 우리도 그들에게서 배우려는 마음가짐으로 만나고 섬겨야 할 것이다. 또 그들의 모국교회와 연대 속에서, 이들을 섬길 수 있는 목회자를 제주에 오게 해서 함께 연대해서 일할 수 있게 하는 것이다. 또한 제주가 무비자 입국이 가능한 국제자유도시임을 활용하여 제주를 '선교훈련기지'로 성장시키도록 한다. 이를테면, 신앙의 자유가 허용되지 않는 사회주의권이나 회교권이나 불교권의 선교사들과 연대하여 제주에서 단기간 신앙과 신학훈련 또는 정규적인 신학교육을 받게 하는 것이다. 기업하는 성도들의 협조를 얻어 산업연수를 받게 하면서 선교적인 사역을 할 수도 있다. 세계선교에 동참하면서 제주 선교는 새로운 도전과 활력을 힘입게 될 것이다.

5) 문화선교 정책

어느 지역에서나 선교는 지역문화를 알지 못하고서는
제대로 그 사명을 수행하기 어렵다. 제주 선교에서 제주지
역문화를 연구해야 하고 그에 따른 대응책을 마련해야 할
이유가 바로 거기에 있다. 그러나 지금까지는 그리 만족할
만한 연구 성과와 대응책을 만들어 내지 못한 것으로 여겨
진다. 이를 위해서 사회학이나 민속학이나 문화인류학 등
인접학문과 부단히 접촉하고 그들의 연구 성과를 적절히
사용할 수 있는 안목을 키워 나가야 하겠다. 특히나 동시
대의 문화연구와 대응책은 여러 가지 실험적인 작업이 필
요하기도 하다. 끊임없이 시도하고 도전하는 마음가짐이
중요하다.

교회의 삶과 문화변혁운동에도 관심을 기울여야 한다.
신앙생활의 실질적인 승리는 삶의 현장에서 일어나야 하는
것이고, 제주의 복음화는 제주인의 삶의 모습, 즉 문화의
변혁에서 완결되는 것이므로 이 부분에 매진해야 한다. 무
늬만 그리스도인인 명목상의 그리스도인을 복음화라고 할
수는 없다. 제사문화와 괸당문화와 뿌리 깊은 민간무속문
화의 틀을 깨고 그리스도인의 삶을 펼쳐가는 지혜와 용기
를 격려하고 나누는 장(場)을 만들어야 한다. 교회가 제주
사람들의 마음을 얻을 만한 관혼상제에 관한 구체적이고도
새로운 예식을 만들어 내어야 한다. 제주 성도들이 핍박과

비난을 이기지 못하고 집안제사를 기피하고 가문 사람들과 소원하게 지내는 경우가 많은데 이를 목회적으로 잘 지도해야 하겠다. 평소 집안사람들과 좋은 관계를 만들고, 인정을 받도록 해야 할 것이다. 그리고 많은 핍박이 있더라도 집안 제사에도 꼭 참석하고, 집안의 주도적인 입지를 확보해야 한다. 괸당관계에서 소외되지 않고 오히려 괸당관계의 중심에 서도록 화해와 섬김의 복음정신을 실천하도록 구체적인 지침을 개발하고 격려해야 하겠다.

이를 위해서 각종 매체(신문, 라디오, 텔레비전, 인터넷)의 활용이 필요하겠고, 각종 문화예술 활동에 적극적이어야 하겠다. 사실 비그리스도인은 교회와 성도들의 삶에 아무 근거 없는 오해를 가지고 있는 경우가 많다. 오해와 무지가 신념처럼 굳어져 복음에 대해 마음을 굳게 닫고 있는 것이다. 성도 개인적인 노력과 더불어 각종 매체를 적극적으로 활용하여 그러한 잘못된 생각을 불식시켜 나가야 하겠다. 특히 성장세대에 대한 전도와 교육을 과감하게 해야 할 것이다. 개인과 교회 안에서는 물론 교회 밖에서도 어린이집, 유치원, 초등학교, 중고등학교에 기독교문화를 바로 심어 주기 위한 노력을 기울여야 한다. 공교육의 틀 안에서 인성교육이나 사회교육, 특별활동 등을 교회가 선교의 장으로 인식하여 장기적으로 전문적인 사역에 참여해야 할 것이다. 그런 노력을 통해 그리스도인 공동의 역사로 기독교 문화의 영향력을 확산시켜 나가야 할 것이다.

6) 학술활동 정책

앞에서도 이미 언급한 바와 같이 신학적, 신앙적 사고의 심화는 그 무엇 못지않게 중요하다. 목회자와 리더십들, 그리고 성도들에 이르기까지 신학적, 신앙적 사고의 성숙과 심화는 제주 선교에 있어서 너무나도 중요하다. 이를 성도 개인의 삶에서, 개교회의 삶에서, 전교회적인 삶에서 자타가 공인하도록 만들어 가는 노력이 필요하다. 새로운 것에 대한 열린 마음, 나와 다른 것에 대한 관용의 마음, 어려움을 견디는 인내의 마음 위에 각 수준과 단계에 맞는 학술활동이 뒷받침 되어야 가능한 일이라 하겠다.

앞서 말한 '전문적인 연구소'를 세워서 이를 뒷받침해야 할 것이다. 하나의 연구소 안에 다양한 연구분과를 둘 수도 있고, 여러 개의 독립된 연구소를 세울 수도 있을 것이다. 관련되어 있는 다른 학문과도 연계해서 연구하고 그 결과를 공유할 수 있게 하는 것이다. 제주 선교의 이론과 실천을 총괄할 수 있는 연구소가 절실하게 필요하다. 제주 선교의 당면 과제와 문제를 명료하게 만들고, 그에 대한 효과적인 대안을 만들어 실험하고 확산하는 구체적이고 지속적인 작업이 있어야 할 것이다. 만약에 당장 독자적인 연구소를 세우기가 역부족이라면 육지나 외국의 연구소와 협력하거나, 연구과제를 의뢰하는 등의 노력이 필요하다고 하겠다. 각 교회와 교단적인 차원에서 이를 정책적으로 지원하려는 마음을 가져야 할 것이다.

아울러 성인교인들에 대한 교육과 성장세대에 대한 교육적인 투자에 인색해서는 안 될 것이다. 교육의 외양적인 요소뿐 아니라 내용적인 면에서 획기적인 발전이 요청되는 시점이다. 교회가 심혈을 기울여 선교적인 교육을 강화할 때 제주 선교의 앞날이 밝아질 줄 안다.

7) 선교운동의 주체로써 성도를 세우는 정책

제주 선교의 주체는 아무래도 성도들이어야 할 것이다. 삶의 자리에서 선교적인 사역을 수행할 사람들이기 때문이다. 교회에 집중시키는 선교는 아무래도 여러 가지 한계를 가지고 있다. 삶의 현장에서 성도들의 연대를 통해 공동으로 제주 선교를 수행해야 할 것이다. 제주 교회의 실질적 연대는 성도들이 주도하는 만남으로 이루어질 수 있다고 본다. 제주 기독교에는 교단의 노회나 연회들 공조직과 임의조직으로 많은 종류의 연합조직이 있다. 그러나 이러한 조직들은 주로 목회자들 중심으로 되어 있다. 물론 성도들의 연대도 있지만 많은 경우에 관변적(官邊的)인 성격을 벗어나지 못하는 감이 있다. 연대선교를 이루어 가려고 하면 성도들이 연대가 자발적으로 실질적으로 이루어져야 한다.

각 분야에서 성도들의 지도력과 영향력의 확대가 제주 선교에 긍정적인 기여를 하리라고 본다. 선교운동의 주체로써 성도들을 깨워내서 세우는 일이야 말로 제주 선교에서 획기적인 일이라 여겨진다. 이를 위해서 교회의 구조변혁과 지도력의 쇄신이 필수적이라 하겠다.

5
마무리 말

제주에 첫 번째 공식적인 선교사로 온 이기풍 목사의
선교비전은 마태복음 4장 15-17절에 잘 나타나 있다.

"'스불론 땅과 납달리 땅과 요단 강 저편 해변 길
과 이방의 갈릴리여 흑암에 앉은 백성이 큰 빛을 보
았고 사망의 땅과 그늘에 앉은 자들에게 빛이 비치
었도다.'하였느니라. 이때부터 예수께서 비로소 전
파하여 이르시되 '회개하라 천국이 가까이 왔느니
라.'하시더라'

흑암에 앉은 백성들과 같은 제주 사람들에게 하나님나

라의 복음을 전하여 복음의 큰 빛을 보고 사망과 그늘에 앉은 자들에게 하나님나라의 빛을 비추어 주려고 했던 것이다. 그렇게 해서 제주가 동양의 예루살렘이 되는 선교적인 비전을 이기풍 목사는 가지고 있었다.

우리 시대의 제주 선교의 비전은 무엇인가? 먼저 이기풍 목사의 그 선교비전을 제주 교회가 공유해야 할 것이다. 그리고 한 걸음 나아가 동양의 예루살렘을 넘어 온 세상에 복음의 빛을 비추어 주는 제주 선교의 비전을 가져야 할 것이다. 이를 위해서 국제자유도시, 특별자치도를 예비해 주신 것이 아닐까?

절망의 세기를 넘어, 희망을 기대하며

고남수

제주땅새롬교회, 제주사랑선교회 회장

563,818명(2006년 통계)이 1845.92㎢의 하늘에 머리 박고 지지고 볶고 살아간다. 그 삶들에는 작은 흐름도 있고, 큰 흐름도 있다. 그 흐름들이 역사를 만들고 문화를 창조하고 정서를 일구어 내다. 어떤 흐름은 미미하게 이름 없이 빛도 없이 사라져가기도 하고, 어떤 흐름은 큰 줄기를 이루며 역사에 큰 영향을 주다.

제주 땅에 면면히 흐르는 많은 역사의 줄기 가운데 그래도 일백 년을 한 곬으로 지켜온 골 깊은 흐름이 있다면 감히 제주 기독교이다. 의미의 유무를 판단함은 시각의 다양함만큼이나 넓겠지만 이제 백 년의 즈음에 많은 이들이 이렇다, 저렇다 나름의 자리매김을 하다. 서성환은 그동안

과 앞으로의 제주 기독교의 존재의미를 선교라 한다. 과연 그러한가는 큰 세월에 맡길 일이긴 하지만 그래도 이 몸짓은 충분히 유의미하다. 그래서 그는 조그마한 소리를 글로 내놓으며 큰 울림을 소망하여 보는가 보다.

선교라 함은 그 땅, 그 곳 삶들의 역사, 문화, 정서라는 바탕에 뿌리내리는 일이다. 그러기에 서성환의 "제주 선교는 당대 사회적인 과제와 어떻게 만났는가?"라는 문제의식은 분명히 정통이다. 그러기도 하지만 제주 기독교에서는 참으로 아픈 주제이기도 하다. 왜 그런가라는 질문에 제주 기독교는 당분간 아무런 응답이 없을 것, 아니 할 수 없을 것이라는 전망은 참으로 비애스러운 일이기도 하다.

아픈 역사와도 그렇지만 새로운 문화와 문명에 대한 엉거주춤함도 썩 그렇게 아름다운 자세는 아니었다. 제주 땅에 기독교의 꽃 피우기를 말하고 이야기할 것이기도 하지만 제주 기독교는 제주인을 크게 소외시켜 왔고 아직도 전망은 그렇게 밝지 않다. 그래서 서성환은 문제를 제기하고 대안을 말한다. 나는 제주 기독교의 선교사를 짧게 보아서 제주인의 고통에 예수의 응답이 들려왔지만 제주 기독교는 전달하지 않았다고 본다. 그것을 "직무유기, 혹은 무능, 아니면 주님의 소리를 잘못 들었나?"라고 한다면 세련되지 못한 단어의 선택인가. 거기에 문명을 가지고 미래를 설계하는 브레인도 없었고 앞으로 없을 것 같다. 역사의 갈피

에 그에 걸 맞는 선지자적 외침이 크게 부족한 일은 식민
통치와 4.3 사건, 격변기의 민주화 운동의 시대에 잘 드러
나기도 하다. 문화수용의 문제를 기독교적 시각에서 제기
한 부분은 제주 기독교의 문제를 잘 드러낸 주제이다. 하
지만 나는 참으로 절망적이다.

서성환은 구체적 대안들을 제시한다. 대안을 말함은 긍
정으로 보는 미래상을 가지기에 가능하다. 그의 긍정적 혜
안에 나는 도전받는다. 이 작은 문제제기에서 시작하여 긍
정적 대안으로 백 년 이후의 미래를 그려낸 조그마한 소리
(소책자이기에)에 아름다운 메아리가 있기를 두 손 모아
기도하다. 늘 절망을 절망으로만 보는 나의 속 좁은 인격
과 얕은 지혜가 안타깝기만 하다. 그래서 절망의 시절에
희망을 노래하는 상황을 늘 존경한다.

이제 일백 년의 울림이 썩 그렇게 긍정적이라고 할 수
는 없다하겠지만, 앞으로도 그렇겠지만 그럼에도 이제 이
런 울림들이 조금씩 들리고 이에 바르게 응답하는 소리가
있다면 기독교의 흐름은 제주 땅과 제주 사회에 놀라운 영
향을 줄 수 있으리라는 소망을 가진다. 놀라운 하나님의
은혜이다.

은총의 100년, 소망의 100년

서성환 목사
사랑하는교회, 제주사랑선교회 초대회장

제주 선교에 동참한지 10년 만에 이 작은 정리를 하였다. 이 글은 정치(精緻)한 논문이 아니다. 그저 함께 이야기를 풀어가고 싶어 던져보는 하나의 담론(談論)이다. 그래서 상세한 각주를 붙이지 않았다. 그러나 많은 분들의 도움이 있었다. 제주대학교 사회학과 조성윤, 이상철, 권귀숙 교수님의 강연과 저술에 힘입은 바가 크고, 제주의 사학자 이영권 선생의 저술과 강연에 기댄 바 크다. 장로회신학대학에서 선교신학을 가르치는 한국일 교수님의 격려도 큰 몫을 하였다. 물론 빼 놓은 수 없는 것은 제주사랑선교회에 속한 목사님들과의 대화와 제주에서 일하는 선후배 목사님들과 교회를 섬기는 성도님들의 대화에 의지하였다. 또한 목사님들과 말없이 선교의 길에 동행하고 있는 사모님들과 자녀들의 인내를 기억하고 싶다. 말하자면 이 작은 이야기는 공동의 저작인 셈이다. 모든 분들에게 감사 드린다.

제주 기독교 100년은 삼위일체 하나님의 은총이다. 모든 감사와 찬양과 영광을 하나님께 돌린다. 동시에 제주 기독교 100년은 회개의 제목이기도 하다. 제주 기독교의 누구도 이 점에서 자유롭지 못하다. 은총을 은총 되게 하지 못한 불신앙과 불충성에 대한 참회가 앞서야 할 것이다. 마땅히 회개해야 할 일을 은폐하고 외면하면 은총의 통로는 막히고, 닫히게 된다. 감사에서 참회로, 참회에서 감사로 나아가야 한다. 진정한 축제는 그렇게 열리고, 새로운 100년을 살아가게 하는 힘은 그렇게 부어지리라 생각된다.

다시 한 번 지난 100년 어려운 시대에 과중한 짐을 져주신 제주 기독교의 모든 목사님들과 성도님들에게 감사드린다. 아울러 지난 100년간 오래 참고 기다려 준 우리의 이웃, 각 세대의 모든 제주 사람들에게도 감사드린다. 하나님께는 물론 우리의 이웃 괸당들에게도 무엇으로 받은 은혜를 보답할꼬? 하는 마음뿐이다. 살아 있는 하나님의 말씀과 참다운 영성의 만남을 추동력 삼아 제주 기독교 200년을 향해 나아가야 하리라고 믿는다. 그 길은 주님처럼 낮아지고 비워져서 섬기고 선포하고 나누는 삶이 아닐까 생각해 본다. 그 길에 제주 성도들이 손에 손을 잡고, 세계의 모든 성도들과 연대하여 기쁨으로 헌신하는 꿈을 꾸어 본다. 찬양으로 감사를 대신한다.

우리는 서로에게 사랑이어라.
우리는 서로에게 기쁨이어라.
우리는 서로에게 소망이어라.
우리는 서로에게 위로이어라.
우리는 서로에게 승리이어라.
우리는 서로에게 축복이어라

Wir sind die Liebe(Freude, Hoffnung, der Tröst, Sieg, Segen) füreinander.